햇빛 달빛 별빛들이
때론 내게
남몰래 흘리는 눈물을

햇빛 달빛 별빛들이
때론 내게
남몰래 흘리는 눈물을

최건의 11번째 시집

문경출판사

잔별도 많고 많은
청천 하늘로

나는 가네, 가고 있네 지금 한창
어언간 내 나이 80평생
육로에서 육로로만 거닐더니
이제서야 그러하지 아니할세
아! 이윽고 천국행 하늘나라가
내 품안, 그러한걸요
그래요, 천지간 만물 중에 최귀한
유인唯人 아닌, 하늘에서만
떠돌거나 아무도 모르게 머무르는.

한데 그 뉘셨더라? 내 나이
20대도 더 전 중학교 수업 시간
−"천년사직千年社稷 남가일몽南柯一夢"
이라, 일컬으셨던 국어 선생님!
어언 70년 세월에 가까운 오늘 지금
곧잘 지상의 땅 위에서 하늘나라로
오르내리고 있네, 햇빛 달빛
별빛들이 오가며 때론 멈춰 조용히
숨어 사는 유인幽人의 하늘나라로.

취월재醉月齋에서
2022년 9월

차례

■ 잔별도 많고 많은
  청천 하늘로 · 009

제1부 햇빛이 내게

017   지금 바로 이 일순간의
018   아, 안젤리나 졸리Angelina jolie님이시죠?
020   빈 의자 하나 · 12
021   산이 보이지 않는 날의 이른 아침
022   오, 5·18!
023   아, <파란 하늘> 나라 코리아!
024   꿈결에 느닷없이 이 어인 말 줄기인고?
025   환쟁이, 아니 화백 최낙경님 아니신가?
027   클레어Clair보다는 글라라Glarar가
029   어린이는 어른의 아버지
      아니 아니, 아버지는 어린이의 어른
030   달마중, 달맞이의
031   쿠데타 아닌 혁명의
033   황진이黃眞伊 그대이시여!
034   천국, 하늘 나라가 따로인가요?
035   아프로디테Aphrodite와 비너스Venus, 그대이신가!
037   오징어 게임
038   기쁘고도 기쁜 우리, 저 별빛들의

제2부 달빛도 내게

- 043 남몰래 흘리는 눈물·XXIV
- 044 남몰래 흘리는 눈물·XXV
- 045 남몰래 흘리는 눈물·XXVI
- 046 남몰래 흘리는 눈물·XXVII
- 047 남몰래 흘리는 눈물·XXVIII
- 048 남몰래 흘리는 눈물·XXIX
- 049 남몰래 흘리는 눈물·XXX
- 050 남몰래 흘리는 눈물·XXXI
- 051 남몰래 흘리는 눈물·XXXII
- 052 남몰래 흘리는 눈물·XXXIII
- 053 남몰래 흘리는 눈물·XXXIV
- 055 남몰래 흘리는 눈물·XXXV
- 056 남몰래 흘리는 눈물·XXXVI
- 057 남몰래 흘리는 눈물·XXXVII
- 058 남몰래 흘리는 눈물·XXXVIII
- 059 남몰래 흘리는 눈물·XXXIX
- 060 남몰래 흘리는 눈물·XL
- 062 남몰래 흘리는 눈물·XLI
- 063 남몰래 흘리는 눈물·XLII
- 064 남몰래 흘리는 눈물·XLIII
- 065 남몰래 흘리는 눈물·XLIV

제3부 별빛들 또한

069 남몰래 흘리는 눈물·XLV
070 남몰래 흘리는 눈물·XLVI
071 남몰래 흘리는 눈물·XLVII
072 남몰래 흘리는 눈물·XLVIII
073 남몰래 흘리는 눈물·XLIX
074 남몰래 흘리는 눈물·L
075 남몰래 흘리는 눈물·LI
076 남몰래 흘리는 눈물·LII
077 남몰래 흘리는 눈물·LIII
078 남몰래 흘리는 눈물·LIV
079 남몰래 흘리는 눈물·LV
080 남몰래 흘리는 눈물·LVI
081 남몰래 흘리는 눈물·LVII
082 남몰래 흘리는 눈물·LVIII
083 남몰래 흘리는 눈물·LIX
084 남몰래 흘리는 눈물·LX
085 남몰래 흘리는 눈물·LXI
086 남몰래 흘리는 눈물·LXII
087 남몰래 흘리는 눈물·LXIII
088 남몰래 흘리는 눈물·LXIV
089 남몰래 흘리는 눈물·LXV

| 작품해설 |

말 줄기 위에서 사랑을 외치며 놀다

-최건 시집 『햇빛 달빛 별빛들이
　　　　때론 내게
　　　　남몰래 흘리는 눈물을』 읽기_ **한 린** · 090

제1부

햇빛이 내게

지금 바로 이 일순간의

지금 바로 이 일순간 찰나에
찰나의 나뭇가지들마다 매달리고
또 매달리는 무수한 저 열매들,
오늘 하루가 내일 모레로 연잇고
연잇는 되풀이에 되풀이의

이른 아침 망연히 창가에 앉아
목련꽃 그늘 아래서 베르테르의 편지 읽노라[*]
문득문득 떠올리며 한 잔,
에스프레소 커피와 동행의
삽상한 하루이길 바라거늘

나뭇가지 꽃그늘 빼곡한
창문 밖 새떼들의 저 울음소리들
잔물결로 출렁대네 밀려오네
적셔 주네―다음날 다다음날도
아, 구름 꽃 피는 언덕에서 피리를^{**} 불고자

우리 가곡 「4월의 노래」 첫 행
**우리 가곡 「4월의 노래」 둘째 행

아, 안젤리나 졸리님이시죠?
Angelina jolie

안녕 안녕, 60년도 더 전 스크린 속의
젤소미나*에 진배없는
리드lead**의 당신께서 서울 한복판 종로 거리에
나 여기 와 있어요. 지금-불쑥 나타난 뭇 사람들
졸시간*** 깜짝깜짝 놀라게 하는
리더 중 리더 되어 기쁘고 즐겁겠네요!

그래요, 뷰티풀 원더풀의 당신
화이 디드 유 케임 히어 얼론
why did you came here alone?
무슨 일로 한국 서울에 혼자 오셨나요?
인도의 MK 간디****Gandhi께서 남긴
"일찍이 아시아의 황금시대에 …빛나던 대한…"
혹시 머릿속에 떠올리며
며칠이나 머무르실는지-나이 80 지금 나의

"그리운 옛날은 지나가고
들에 놀던 동무 간 곳 없으니…"

*이탈리아의 명감독 페데리코 펠리니의 영화 <길>
속의 여주인공 줄리에타 마시나, 펠리니의 처.

**선두의 섬.
***갑작스러운 짧은 동안.
****인도의 민족운동 지도자, 사상가(1869~1949)

빈 의자 하나 · 12

기다려도 기다려도 아무리
기다려도 결코 찾아오질 않는
어제도 그제도 오늘 지금도

반복의 반복
돌짝 술잔
들었다 놓았다 연신 되풀이의

저녁나절 서너 평 남짓 거실
창문 밖 뜨락에 의자 둘
빈 의자 하나.

때론 긴 그림자 따라
때론 달빛 따라
육중한 떨림의

엘레지elegy풍 저음 첼로
음절들만 붙박이 골짝 물줄기로
흘러 흘러…

산이 보이지 않는
　날의 이른 아침

지척의 산이 나와 서로 마주하고서도
오늘 아침 따라 보이질 않으면서
가까이 다가와 내 품에
안길 줄 모른다, 밤새 내
무엇 때문인지 허우적대다 말고
사라져 버리고 마는
최정상
그 봉우리
결코 오르질 못한 채

그러면서 생면부지의
자그마한 언덕 하나 생소하면서도
결코 낯설지 않는
등걸 하나 바싹 내게
흡사 눈보라로 내려앉아 감싸면서
속삭이네-산에는 계곡
들판은 물줄기
하늘 아래 마지막 무념무상의
뫼墓 위로 내려앉는 중이라며

오, 5·18!

오월은 푸르구나… 우리들 세상-초등학교 때
일등부터 꼴찌까지 우렁찬 목소리로 어린이 날 노래,
팔도강산 어디서나 해마다 부르곤 했지
민요조 노래인 듯 사뭇 신명나게 저마다 노래의
주인 되었었지, 그리고 그 후 꼭 30년의 지금
화생化生 화신化神 석가釋迦의 절대
운명-영원영생 그대로 우리네의
동동무動動舞인 것이지
점점홍 불빛의 꽃잎들 하늘의 찌를 듯
화광 화광 충천 1980년 바로 그때
재가 재가 무일無日 마다하지 않고
야속함의 쓸쓸함도 기꺼이
운동에너지로 쌓아 올리면서 선택의
가가호호 방문 또한 빠뜨리지 않으셨지
문무백관 어디 따로 있나요?
익자益者 또한 따로 있나요?
환창煥彰 환호煥呼-밝게 나타나 빛나는
목동들의 피리 소리로 가슴 한가운데 적시네
사부님이시여!

아, <파란 하늘> 나라 코리아!

반갑고도 반가워라, TV에서
아침저녁 온종일 연방 보내고 또
보내오는 선물 가운데 선물-
국제연합 UN이 지구 위 나라와
나라들 가운데서 고르고 또 골라 뽑은

<파란 하늘> 나라 코리아!

그래요, 우리 소년 소녀들의 애창곡
그대로 푸른 하늘 은하수 하얀
쪽배 타고 서쪽 나라로, 서쪽 나라로
샛별 등대길 따라가고 또 가는
뭇 나라들 가운데서 단연 으뜸의
오, 2019년 늦가을 어느 날!

꿈결에 느닷없이
이 어인 말 줄기인고?
−한글 ㄱ에서 ㅎ까지

그레그래그렇구나그렇고그렇구나,나는너너는나,두둥실두리둥실떠나간다달마중,라일락로렐라이로맨스로키산맥,마을마을들멋있고멋있구나멋대로제멋대로,뷰티풀뷰티풀반짝반짝별똥별별나라,사랑사랑새사랑세상사쓸곳없는,원더풀원더풀우리사랑원더풀오!원더풀원코원컨대,자유정의진리정정당당,천번만번천만번천추의천국행,크낙새카나리아코큰카우보이케이블카,팅클팅클리틀스타트럼팻탱고,푸르고푸른파란파라다이스하늘하느님하느님오!하느님하늘나라하느님이시여!

환쟁이, 아니 화백 최낙경님 아니신가?

그렇고 말고, 어언 반세기의 세월
50년 전 1960~70년대 초 목포항의
지금 바로 여기 유달산 자락 및
신호등도 잠든 거리 중심지 오거리였었지,
타향살이의 나그네였던 내가 곧잘
토박이 암기형과 그대와 몇이서
대폿잔을 나누면서 미술과 문학- 글과 그림의
이야기로 곧잘 늦은 밤을 보내곤 했던…

그랬었지요 그랬었지요 유난히도
힘찬 그때 그 목소리들 가운데 한 사나이
최낙경 화백 그대!
지금은 최건보다 한발 앞서 떠나갔어도,
빨주노초파남보 총천연색의
벽걸이가 곧잘 웃고 울면서
서로 권하는구려, 대폿잔의 막걸리를

아아! 잊지 못하네-불꺼진 마스트의 스산한 항구
유달산 소슬바람 가을이 익는
신호등도 잠든 거리 중심지 오거리의
지금 바로 이곳 여기-

낯익은 가로등 빛 빗줄기 속이거나
달빛 별빛의 소리 없는 아우성으로
이따금 어디선가 다가오는 그대, 최낙경 화백

그래요, 2017년 6월 15일 우리 부부 금혼의 날
「5·18민주화운동」 유네스코 세계기록유산 등재
기념비제막식 행사에 부부 함께 달려오신 것
잊지 못하지요, 결코 잊지 않아요
전라북도 장수군 우리 집 벽에 걸린
유화작품 <우포늪> 등 4편과 함께

아, 여보시게 낙경씨!
암기형과 셋이서 대포나 한 잔씩 나누면 어떤지?

클레어Clair보다는 글라라Glarar가
　－너의 이름 외할아버지한테는

그래그래, 이 외할아버지한테는
너의 이름 '클레어'보다는 천주교의
세례명 '글라라'가 더욱 더
사랑스럽고 좋은 걸, 가시밭길
한두 송이 흰 백합화로 풋풋하고
풋풋한 지금 나이 16세 외손녀 너의

1956년, 반세기도 훨씬 더 전
고교 1학년 국정 국어 교과서에 게재된
20세기 독일 시인 안톤 슈낙Anton schunak,
그의 나이 17세였을 때 같은 학교에서
같은 공부의 한 살 아래 여자 동무 글라라!
오랜 세월 가고 또 가고
어언 늙으막 길- 찬란한 양광陽光의
어느 날 이곳저곳 찾아 돌다
발걸음 뚝 멈춘,
자그마한 빛바랜 돌비-글라라!
-이 또한 나를 슬프게 한다, 의

글라라야, 2021년 초봄 오늘 지금
천재성의 네 미학 예술, 그 가운데서도

건축 미학 선택
그래그래, 빛나고 빛나거라 수륙만리의
왕실교정에 매달린 너한테
이 °하비 콧노래 부른다.
- °°반짝반짝 작은 별 아름답게 비치네
　서쪽 하늘에서도 동쪽 하늘에서도
　반짝반짝……

　　　　　　　°어렸을 때 '할아버지' 호칭
　　　　　　°°19세기 초 영국 동요

어린이는 어른의 아버지*
아니 아니, 아버지는 어린이의 어른

아시아의 동쪽 한반도 북단
줄기줄기 장백산맥 정점에서
좌우 두 줄기로 갈라져 흘러
흘러내리는 압록강과 두만강의
조선민주주의인민공화국과

한반도 허리춤쯤 아래서
남과 북 직선 방향 아래
아래로 흘러 흘러내리는
영산강 섬진강 낙동강 세 줄기의
대한민국-더 리퍼블릭 오브 코리아

내 나이 팔순의 지금 쓰러지면
영국 시인 윌리엄 블레이크의 대표 시
<어린이는 어른의 아버지>와는 정반대의
아버지는 어린이의 어른되어
혼魂이 진정 있을진저

*18, 9세기 영국시인 윌리엄 블레이크william blake의
대표시 제목이며, 말미 부분의 시구(詩句).

달마중, 달맞이의

밤하늘 땅 위에선 귀뚤
귀뚤 귀뚜라미 떼들
줄창 울어 예는 깊고 깊은 달밤,
기럭 기럭 기러기 떼들
하늘 높이 줄지어 날아들 가고 있네,
가도 가도 끝없이 넓고 넓은 하늘
엄마 엄마 우리 엄마 찾으면서
연신 울어 예며 떼 지어
날아들 가고 있습니다 한 무리로,
하늘 아래 땅 위에선
이집 저집 늙다리의
영창映窓 앞에서 콧노래 소리
- 아 산이 막혀 못 오시나요
  아 물이 막혀 못 오시나요
  다 같은 고향 땅을 가고 오건 만
  ……

# 쿠데타 아닌 혁명의
   ―아웅산 수치님이시여!

지금 여기는 민주공화국 대한민국 코리아korea-1945년
제2차 세계대전의 일제강점에서 풀려난
동북아시아 한반도의 대한제국大韓帝國이었었지
미국 소련 두 나라 경쟁의
남쪽에서 북쪽으로, 북쪽에서 남쪽으로
밀쳐 오르내리면서 마주친
대립의 북위 38도선-두 동강 난 한반도
"아 산이 막혀 못 오시나요/아 물이 막혀 못오시나요/…
남북이 가로막혀 원한 천리 길…"
1950년, 곧바로 조선민주주의인민공화국 북한의
6월 25일 불법 남침- 6.25 전쟁 코리안 워The korean war

흡사 이와 같이

코리아 남쪽 땅끝에서 서쪽 남쪽으로 수륙만리
인도양 입구 물줄기의 나라-1948년 옛 버마,
아, 지금의 미얀마여! 2021년 새해 들어 줄곧
가택연금 중인 아웅산 수치 여사이시여!
빼앗긴 들에도 반드시 봄이 찾아오듯 따스한
봄날의 어제와 오늘이고, 그 오늘이 또한 내일이듯
사시장철 365일 모두 피눈물로 얼룩지는

쿠데타의 나날이 아닌,
코리아의 1960년 4.19학생혁명 기념일이듯
혁명의 날 맞이하소서. 환호하소서!
무장군인들 총칼에 피로 물들고 있는
결코 킬링 필드killing field가 아닌 환호성의

오, 글로리 글로리 알렐루야!

황진이黃眞伊* 그대이시여!

그렇지 그러하지, 그만 뚝! 마지막 이별의
그만 뚝! 뒤돌아 떠나 버리게 하고서도
러브 유love you, 아이 러브 유 I love you
아직도 500년 전 지금의 황진이 님이시여!
어져 내일이야 그릴 줄을 모르ᄂ다
이시랴 ᄒ더면 가랴마는 제 구태어
보내고 그리는 정 나도 몰라ᄒ노라
의 귀하 그대!!
서기 2021년 오늘 지금도
치맛바람 춤사위 찰나 그대로의
오늘이소서, 어제도 내일도 또한
지금 이 찰나의 그대 나와 함께이게!
끝내 뒤돌아서 가게 하고서도 끝내
그때 그대 그리워하는 그 순간
그 찰나의 아! 2021년 지금도
텐더tender 러브 유, 러브 유 트루true의

*조선 명종(明宗, 13대) 때 송도(지금 개성) 기생. 황진 사의 딸이었으나 서생임을 비관, 풍류 남아 시인 묵객들 상대로 호화로운 일생을 보냄. 여류 지조의 으뜸 걸작품. 이 시로 시의 남자 주인공은 빼어난 학구학자 서경덕(徐敬德).

천국, 하늘 나라가 따로인가요?

아 아프가니스탄! 인도 서북쪽 옛 소련의
남쪽 나라 – 썩은 땅 위에서 라일락이 자라지
못해 지금 한창 철조망 밖 너머로 여기저기서
어린아이 자식들 놀이 놀이 힘껏 던져 올리고
있네 여기 저기서 엄마와 아빠들이 한창

2021년 8월 21일 아침 TV 뉴스의 화면 – 서로
같은 한 나라, 한 국민, 한 동포끼린데도 잇단
총격에 총격, 아우성에 아우성들, 보라! 저 철조망
안팎 여기저기서 탈레반 정권의 불방망이질들을
하지만, 하늘이 땅이요 땅이 하늘의

자나깨나 의구한 산천 경계이듯
영생永生의 오늘이옵소서!
두고두고 어제가 오늘의 오늘이 내일의
가도 가도 끝없는 천상천하로!
비오니 수륙 만리 동쪽의 코리아Korea에서

아프로디테와 비너스, 그대이신가!
　Aphrodite　　　　Venus

그립고 그리웁구나, 그대 여신女神!
삼백예순다섯 날 내내
자나깨나 앉으나 서나 날이면 날마다
아침 저녁 내 품안의
아프로디테, 비너스
그대이시여! 지금 오늘도

태어나 처음 만났었던 열여섯 살
상면의 그날 그때, 서기 1956년
찬란한 햇살의 늦은 봄
윈도우 그라스window glass 안에서 흡사
백설의 흰눈 빛 온 얼굴 곱슬머리
파도물결 그대로 서기 2021년 봄·여름 한낮
느닷없이 늘그막의 내게 밀려들며
흥얼대며 파고드네, 품속 안으로

－ 금강에 살으리랏다 금강에 살으리랏다
　운무 더불고 금강에 살으리랏다
　홍진에 썩은 명리야 아는 채나 하리요
　이 몸이 쓰러진 뒤에 혼이 정녕 있을진대
　혼이나마 길이 길이 금강에 살으리랏다

생전에 더럽힌 마음 명경 같이 하고자
아 지금 두 나라 두 이름 한 몸일 그날 그때여!

오징어 게임
　－AD 2021년

원더풀 원더풀 동서반구 6대주의
예서 제서 천상의 햇빛 달빛 별빛으로
빛나고 빛나는 드라마 <오징어 게임>,
BTS 방탄소년단의
활활활 펄펄펄 불꽃으로
스며들며 젖고 있는 노래가락도 함께
천상천하독존의 한 덩이 한 몸
9, 10억 명 그대들 찬미하소서, 찬양하소서!
그 겨울이 지나도 봄은 가고 또 봄은 가고
그 여름 날이 가면 또 세월이 간다
아! 그러나 그대는 내 님이다
내 정성을 다 하여 고대하노라
아! 영락 없이 코리아의 <솔 베이지 송>* 세상인저!

　　*Solveig's Lied, 19세기 유럽 노르웨이 작곡가. 피아니스트 E.H. Grieg(1843~1907)의 서정적 제2 모음곡 중 4번째 곡, 연주시간 15분

기쁘고도 기쁜 우리,
저 별빛들의

"키가 그렇게도 커?"
라면서, 언니 동생 모두 여덟 명의
어린 나이 주인공들로 진행 중인
<채널Channel A> 방송
'반짝반짝 작은 별' 무리들의
주일마다 한 번 늦은 밤 TV진행
-김유하8세, 임지민10세, 김태연11세, 김영채15세 등
 모두 7명의
소년 소녀들과, 1인 3역으로 이러저러한
기쁘고도 기쁜 입씨름의 바쁘고도
바쁜 단짝 여주인공 보건교사
오은영 박사님이신저!

그렇군요 그래요, 어제오늘
내일 모두 언제나 하늘과 땅 가득 찬
그 기쁨들, 천상천하 유아幽雅 그대로
자릴 잡고 앉았다 섰다 연신 되풀이의
우등상 주인공이 김다현이라고요?
한결같은 되풀이의 말소리라곤 결코
없는 음감音感 음색音色으로
한결같이 원더풀! 뷰티풀!의 나라로,

햇빛 달빛 별빛들 쪽배 타고 날이면 날마다
만백성들 예서 제서 기쁘고도 기쁨의

제2부

달빛도 내게

남몰래 흘리는 눈물· XXIV

있어요, 소리없는 아우성의
그 아우성
천지간 만물 중에 최귀한
유인幽人의
들리는 소리 없는
이 아우성, 또한
눈물 중의 눈물,

남몰래 흘리는 눈물이어요

남몰래 흘리는 눈물·XXV

　남가일몽南柯一夢이었었다지, 천년 사직社稷의 신라마저도
　휘몰아치는 비바람의 하룻밤 풋사랑이라 비유하면 어떨런지 지금
　말라 붙는 건조의 빠르면서도 오래 가는 도료塗料의 의미와 진배없는
　사랑이 가기 전에before love fade away* 흘리는 눈물 눈물,

　남몰래 흘리는 눈물인 걸요.

*조병화 시인의 시집 제목

남몰래 흘리는 눈물 · XXVI

아, 푸르고 푸르구나 운권천정雲卷天晴 그대로의
구름 걷히고 하늘 맑게 갠 오늘 지금
팔색조 저들 무리의 하늘빛 꽁지 끝 화드득
화드득 불똥 튀기네 튀기고 있네
저마다 민활하고 활달한 몸놀림
아, 저에게도 베풀어 주소서 저와 같이

남몰래 흘리는 눈물이 결코 아닌⋯.

남몰래 흘리는 눈물·XXVII

남쪽 나라 십자성*의 별무리들이라네
몰이들 가면서 두둥실 배 떠나고 있네
래프팅** 하면서 급류의 물살인데도
흘근거리기는커녕 리드미컬하게
그러면서 는실 난실***
눈 감고 떠나는 영혼의 여행****의
물굽이 물결들이라네, 저와 같이
남몰래 흘리는 눈물 또한

*1940년대 때 한 유행가 곡의 첫 구절
**계곡에서 고무보트로 급류를 타는 레저 스포츠
***남녀간 몸가짐에서 성적 충동을 받아 이상 야릇하게 구는 모양
****최건 시인의 시집 제목

남몰래 흘리는 눈물 · XXVIII

싶다

남몰래
흘리는
눈물이었으면

아니 아니, 결코

썩거나
문드러져
영원히 사라지지 않는

천고千高에서의
마지막
숨결이었으면

싶다

남몰래 흘리는 눈물 · XXIX

천고난千古難,
온갖 고생 끝의
남몰래 흘리는 눈물이 아니였으면 싶다

아니, 아니

남몰래 흘리는 눈물이었으면 싶다
천고불후千古不朽
영원히 썩지 않고 사라지지 않는

남몰래 흘리는 눈물 · XXX

찢긴
하루

어둠
걷히며

위대한
참회

함께
묻다

달 바람
풀잎들의

삼중주三重奏
저 아우성

남몰래 흘리는
눈물의…

남몰래 흘리는 눈물·XXXI
─즉흥, 그 옛날 자장가가 지금 오늘 밤에

잘 자라 우리 아기, 자장 자장 우리 아기
사랑 사랑 우리 아기, 꿈속에서 웃어라

잘 자라 우리 아기, 자장 자장 우리 아기
사랑 사랑 우리 아기, 달님 품에 안겨라

잘 자라 우리 아기, 자장 자장 우리 아기
사랑 사랑 우리 아기, 네 사랑의 엄마 품속

남몰래 흘리는 눈물 · XXXII

남남북녀 – 한반도 남쪽 땅의 한 사나이
몰몰아altogether 빛나는 열정, 흡사
플로우팅flouting에 진배 없었으면
흘러내리다 마는 것 결코 아니었을진저
리드오르간의 음향 삼키고 또 삼키네
는적거리는* 가슴속 송이송이
눈물 송이로 녹아 적셔 흘러내리는
물보라 아닌 도돌이표의**

남몰래 흘리는 눈물

*힘없이 축축 처지는 모양
**악곡의 어떤 부분을 두 번 되풀이함

남몰래 흘리는 눈물· XXXIII

나
가고
오갔다,
프랑스의
파리를 떠나
내일이 오늘의
프로방스를 향해

기다리고 기다렸던
알퐁스 도데와 만나네
아, 저 <풍차 방앗간 편지>!
한두 동시 감동의 눈물방울 꽃이네
내 가슴속 한가운데서 피우고
피우던 기쁜 우리 젊은 날,
그 오늘

남몰래 흘리는 눈물· XXXIV
―두레박과 도르래의

웬일이지? 비닐하우스 밭 한구석의
까투리새끼 한 마리 어쩌다 저리 쳐박혀
연신 퍼떡거리길 그만 뚝
내게 붙잡히고 말았다네, 두 다리 내 한 손에
꽉 붙들린 채 쓰다듬고 쓰다듬는 동안
연신 두 눈만 떴다 감았다 되풀이에 되풀이의

맞은 편 모퉁이의 아내한테 손짓으로
불러댔네, 몇 분쯤 지나서였을까? 내 앞에
다가선 아내한테 건네주며 그 놈과
나의 눈 서로 마주했을 때 아
이게 웬일? 유난히도 하얀
동그라미 눈섶의 두 눈 딱 감긴 채
부동의 붙박이었네, 붙박이고 말았었네
그러면서 그 순간 불현듯
떠오르는 내 머릿 속 시詩 한 구절
―4월은 잔인한 달
썩은 땅 위에서도 라일락은 자라고
엘리엇Eliot*의 <황무지The waste lands> 첫 구절

그래 그래, 4월의 지난지도 이미 오랜

만추의 오후 한 때 뭉클 볼을 적시는
눈물 방울,
그 우물 속의
아! 나는 두레박
너는 도르래!

* 미국 태생의 20세기 영국시인 Thomas sterns Eliot

남몰래 흘리는 눈물 · XXXV

새야 새야 저 원앙새들
아, 이 어찌 된 것이지 저 떼 주검,
숲속 어디쯤의 연못에서 노닐다
가까운 들녘 언저리 옴팍한
장대숲 찾아들었다 그만 떼 주검으로
저리 버려진 것인지……

강가이거나 들판 숲 보다는
산간 골짝 냇물이며 숲속 언저리
너희들의 집터인줄로 알고 날아들었다
그만 이 우거진 키다리 나무숲의
한 모롱이에 아, 저리 널브러지고만 것인지……

무덥고 추운 그런 날씨 때문만은 아닐텐데
내 눈물 너희들 한테로
너희들 눈물 나 한테로
아제 아제 바라아제
바라 승아제

남몰래 흘리는 눈물 · XXXVI

사시사철 어느 날 하루
누구이든 한 순간의
눈물이었어요 눈물이 그런

흔하고 흔한 그 눈물
하지만 소리 없는 아우성의
어느 날 깊은 하룻밤

남몰래 흘리는

남몰래 흘리는 눈물 · XXXVII

소리라곤 없이 그저
비비대기만의

잎 보다 꽃이 먼저
피고 지는

오리나무숲 한 마리
저 방울새인저!

남몰래 흘리는 눈물· XXXVIII
　　-코로나 19의

마구마구 척척 만들어 내주시네요
팔으실 땐 스멀스멀 넉넉히
크지도 작지도 않게 입코 막아줌의
작지도 크지도 않는 마스크의
마스크! 얼씨구 절씨구
일단 하루하루의 나날들

2020 경자년 새해 들면서
박쥐떼들 마구 쏘아댄다는 아사餓死의
코로나 19의 잇단 저 화살포들
잇따른 시신들
동서반구 6대주의 예서제서
아, 남몰래 흘리는 눈물들 어떡하면 좋나요?

남몰래 흘리는 눈물 · XXXIX
― 오! 저 활화산 폭발의

가도 가도 끝없는 넓은 하늘 높이
치솟고 있는 수천 수만, 아니
산들 가운데 인도양 산봉우리 하나
마구 불꽃 바다로 치솟으며
타오르고 있었네 활화산의
경천 동지驚天動地 광란이었네
불꽃 바다로

그러하다 그러하다 종내는
천지간 만물중에 최귀한 유인幽人들을 위해
사화산으로 곤두박질 쳤다네, TV 뉴스의
수많은 주검의 아궁화산이여, 7, 8십억 명의
이 나라 저 나라 뭍 동포들 가운데
아시아 코리아의 한 사나이
80세 나한테 내려 주고 있네
남몰래 흘리는 눈물을⋯

※「1980년 5·18민주화 시민운동」의 육필기록 취재수첩이 2011년 유네스코UNESCO 세계기록 유산으로 등재됨.

남몰래 흘리는 눈물·XL
― 한 탈북 모녀의 한마디 말

2020년 3월 21일 오전 CHANNEL A TV
이만갑―<이제 만나러 갑니다>의
최근 탈북 모녀 고영실과 14세 김지현,
함경도 두만강 줄기 아래 고향의
외로운 모녀 단둘이서
탈북 모의 끝에 마침내
심야의 백두산 자락 혜산에서 필사적
월광 끝 사전 밀약의
중국 현지 브로커와 마침내
드디어 상봉, 심양 안착.

공포의 길목 길목 헤쳐 가며 마침내 중국
땅을 벗어남, 앞으로 앞으로만 험지에 험지의
산자락이며 태풍 폭우 뚫고 헤쳐 가며
이윽고 베트남 태국 나라 거쳐
마침내 대한민국―The Republic of Korea에!
안녕, 안녕, 줄기 줄기 피어린
장백산 백두산과 압록강 두만강 뒤로 하고
완전 벗어남까지의 이 마지막 말 한마디
짧고도 짧은―순간순간 미움들
끝없는 미움의 산등성뿐이었어요

길고도 긴 그동안…

남몰래 흘리는 눈물·XLI

어제 아닌 지금
오늘 또 적시는
눈물의 눈물

해 지면
달 뜨고,
달 지면
해 뜨듯

사랑의 사닥다리
오르고 또
오르는

남몰래 흘리는 눈물의…

남몰래 흘리는 눈물·XLII
― 제5계절의

내겐 없었으면 해요, 이 눈물
삼백예순다섯 날의
봄 여름 가을 겨울 그리고…

그러면서도
일순간의 한 찰나
천상천하 법열法悅의

제5계절, 사랑의
기쁨 비록
사라졌어도

고개 숙인
한 송이 흰백합화
송이 송이로…

남몰래 흘리는 눈물·XLⅢ

알고 계시는지, <사랑의 묘약>을
몇 방울의 눈물로 적시는
도니제티Donizetti* 그의
「남몰래 흘리는 눈물」 아니어도

적시고 적시는
어쩌면 코리아의 「아리랑」 가락
춤사위 몸짓 날개로
눈물 가루 비비대기의

  *19세기 이탈리아의 오페라 작곡가 Gaetano
   Donizetti의 명곡

남몰래 흘리는 눈물·XLIV

 있어요, 천상에서 빗방울들로 톡톡 토옥톡 잘도 떨어져 내리고 있어요. 지상으로, 그러하듯 지상에 수평의 바다만을 이루고 있는 것 아니어요.
 결코, 하늘 높이만큼은 아니어도 또다시 지상에서 해저 아래로 맨 밑으로 깊이 깊이, 흡사 저 푸른 하늘의 높이 만큼 깊게 깊게 1만m가 더 넘는 해저를 이루면서 남부끄럽지 않는 남몰래 흘리는 눈물의…

제3부

별빛들 또한

남몰래 흘리는 눈물·XLV
― once upon a time

원스 어펀 어 타임 ― 옛날 옛적 그 시절
갓 청소년이었었지, 영어 교과서의 이 한
절 그대로 매일 매일 아침 저녁 그녀
집 앞을 오가다가 이윽고 그녀와 나의 해
후, 오! 해피 해피 원더풀의 두서너 해

아 그러하다 말고 그만 뚝, 이게 웬일?
한 해 열두 달의 세곱절 매년
매년 그 집앞 오가던 것 그만 안녕이고
말았지, 그러면서도 흡사 가시밭의
한 송이 흰 백합화로 그만 뚝!

내 나이 팔순 진입의 해 지금 느닷없이…

남몰래 흘리는 눈물·XLVI

2020년 9월 16일, 만 여든의 내 생일날 정오 4.5분 전
KBS TV 화면 ― 바이올린 솔로의 선율로 우리나라
최초의 예술가곡 <가고파>가 흘러
나오고 있었네. 조용히 아주 조용히,
가을 날 맑은 햇살들 바수어
쏟아 내리면서 어서 오라 어서 가라고…

연주 배경 화면은 낙동강 하류 강변 산자락의
밀림 속 ― 가고파라 가고파…보고파라 보고파
돌아갈까 돌아가… 찾아갈까 찾아가. 그러면서
강줄기 천변의 우거진 숲속 나지막한 동산 평지 위에
사뭇 장엄(?)하게 고갤 쳐들고 혼자 붙박이로 서있는
한 노익장의 모습…

보통 빠르기 속도의 모데라토moderato 선율이
짜릿짜릿 내 가슴팍 안으로 파고들면서
적셔오는 방울 방울의 내 눈물방울 ― 그러면서
인도의 사상가이자 민족운동가 MK 간디와
서로 마주하고 있었다네, "일찍이 아시아의
황금시대에…빛나던 대한…"
3행시 되뇌면서…

남몰래 흘리는 눈물·XLVII

그럴거예요 누구이든
어쩌다 텅 빈 공간 가슴 속
한가운데 불현듯 따스하게
적시면서 흘리고 있는
눈물, 남몰래 흘리는

천상천하 유아독존
자칭 그러한 존재이면서
천생 배필의 천생연분
어디론가 오간 데 없는
그러한 때문만은 결코 아닌

주경야독 반딧불의
형설지공螢雪之功 형상으로
베풀고 베풀어
말 없이 고이고이
내려주옵소서, 아멘

남몰래 흘리는 눈물·XLVIII

설령 남몰래 흘리는
눈물 아니어도
허허, 허헛 참!
탄식에 탄식의 끝머리
저 혼자서
음성音聲 아닌 양성陽聲에
진배없는 눈물,
남몰래 흘리는

남몰래 흘리는 눈물·XLIX

이른 아침 일찍 잠에서 깨어
일어나 한 모금의 커피 아닌,
차가운 초겨울 바깥 숨소리 체감體感하며
오늘 하루 껴안거늘
느닷없이 떠오르는 비가悲歌의
노래 한 구절 – 남몰래 흘리는 눈물,
그러면서 이 세상 떠난 지 오랜
다정한 한 시인의
시 한 구절 – 이 땅이 나를 술 마시게 한다,
소리 없는
무성 무음의 아우성으로

# 남몰래 흘리는 눈물·L
－ 큰 딸·외손녀한테

2020년 12월 대림 3주일의
오전 아침 미사 중 성체 모시고
제자리로 들어와
두 손 모아 나의 기도－
수륙 만리 남의 나라에서 지금도
낭군과 아빠를 멀리 한 채
남과 남에 진배없는
외톨박이 큰딸과 외손녀를 위한

적시네, 조용히 뜨겁게
아니, 차가워 뜨겁게 더더욱
가슴 속 한가운데 따스하게
깊숙이 깊숙이 파고들면서
흔들거리고 있네, 두 송이
진혼의 장미꽃 고개 수그린 채
남몰래 흘리는 눈물은
눈물과 함께

남몰래 흘리는 눈물·LI
— discord의

지금 한창
"어서 가시오" 아우성의
추미애와, 상대자
윤석열

흡사 이와 같이

지구촌 5대양의 가장 깊은
해구 밑으로 밑으로만
가라앉고 있는
순간 순간 한 순간 있었어요

남몰래 흘리는 눈물이…

남몰래 흘리는 눈물·LII

타인의
남인
내가
내게
달빛으로만 쏟아져 내리면서

흘리는
눈물 중의
눈물
그 누구에게도
무성 무음의

남몰래 흘리는 눈물·LIII

청천 하늘에 잔별들
느닷없이 급전직하
하늘과 땅 사이 사이
무한 공간 없애고 또 없애면서
흡사 가루 가루로 바숴가며
흐르는 강물 줄기의
소리 없는 아우성
밝은 달만 쳐다보는

남몰래 흘리는 눈물·LIV

바다 아닌
육지의
눈물 바다,
무음 무성
해와 달
그 아우성의,

남몰래
흘리는
눈물이어요,

파돗물로
휩쓸어 내버릴 수 없는
천상의

남몰래 흘리는 눈물·LV

뭉클한 눈물이었네, 따스한

2021년 2월 8일 오전
MBN 뉴스 다음의
북극 땅 백설 더미 밀림 속
집 한 채의 집 주인 할아버지
애견 한 마리와 함께
집 밖엘 나섰다가 그만 산중에
쓰러져 누워 있었네,

기다리고 기다리던 끝 함께 동행한
흑과 백 털옷 애견 혼자서
귀한, 아들이 함께 집을 나섰네
그리고 마침내 거동 불능의
몸 어렵사리 귀가였네,
안착이었다네 무사무탈
3자 동행의 기쁘고 기쁜,

오, 남몰래 흘리는 눈물이었을진저

남몰래 흘리는 눈물·LVI
― 꿈속의

2021년 2월 18일 이른 새벽
가파른 언덕길 햇살 속으로
한 노老 사나이
걸어가고 있었네 가슴 아프게
곧잘 산자락 뒤덮으며
먹구름들 무겁고 무거워요
소리 없는 아우성 거친 안개로
가슴 가득 채우는
눈물이었어요, 남몰래 흘리는
눈물의 눈물…

남몰래 흘리는 눈물·LVII

도시 외곽 높다란 산자락 꽃동네
여기저기 녹색 장원 뒤로하고
넓고 넓은 바닷가에 외딴
낡은 목조건물 집 한 채,
일조일석 해 떴다 해 지면서
기우뚱 기우뚱, 퉁퉁퉁
떠났던 남은 배 한 척
되돌아 와 밤마다 TV 화면 속
첼로며 목관악기 선율로
가슴 속 한가운데 비비대며
적시어 뜨겁고 차가운
눈물의 소리 없는 아우성
남몰래 흘리는…

남몰래 흘리는 눈물·LVIII

허허허
허헛 참!
삼천리 금수강산 예서 제서
저 아우성들
무엇 때문?
윤회輪廻 전생轉生의
거센 파도 물결로
뚜욱 뚝, 뚜욱 뚝 결코
남몰래 흘리는 눈물이 아닌
아 산이 막혀 못 오시나요?
삼천리 화려 강산
대한민국 민주공화국의
1980년 5월 18일 그날
그때 흘리던 눈물의
지금 오늘 그 까닭은 무엇?
1940년 9월 16일생의

남몰래 흘리는 눈물·LIX

남몰래 흘리는 눈물의
하늘과의 그 거리
그 높이 있어요 내겐

곧바로 이 순간 때론
기쁨과 함께
슬픔과 함께

살으리랏다
살으리랏다
노래도 부르면서

유아독존唯我獨尊의
눈물 남몰래 흘리면서
금강에 살으리랏다 노래 부르며

남몰래 흘리는 눈물·LX
  – 소리 없는 아우성의

흘러 흘러 흘러 내리며 돌고
있네 돌고 돌며 머리 어깨
가슴 허리 무릎 발 육신의
온몸 한 바퀴, 아니 아니
두 바퀴 세 바퀴 돌고 도네
그러면서, 구만리장천 푸르고
푸른 하늘 은하수행의
몸뚱이 순간순간 솟구쳐 오르면서
은빛 금빛물 흠뻑 적시며
내달리고 있네, 따스히
결코 뜨겁지도 차갑지도 않는,
그러면서 무성 무색의 방울
방울 눈물 방울 손등으로 결코
비비대지 않으면서 허공으로
허공으로만 가루가루 눈물 가루로
휘날려 버리는,
삼백예순다섯 날의 한두 번쯤
소리 없는 아우성의 눈물
남몰래 흘리는…

남몰래 흘리는 눈물·LXI

감동의 내 눈물
어느 날, 어느 한 때의 TV 화면
앞에서 따스하고도 따스한, 나의
얼굴이며 가슴팍 한가운데로
온 몸 비틀어지고
비틀어지면서 반갑고도
반가운 마지막 찰나의 저
우승 깃발!
느닷없이 장하고 즐거운 감동의 눈물이여
2021년 9월 4일 아침 TV뉴스…특보의
어느 한 순간,
티끌 하나 묻혀 있지 않는 감성의
가슴 속 한가운데로 적셔드는
눈물 - 느닷없이 남몰래 흘리는

남몰래 흘리는 눈물·LXII
　　-천국행의

하늘에선 날이면 날마다
햇빛
달빛
별빛들의

무반주 행진곡

천상에서 지상으로
사랑
기쁨
눈물로

소리 없는 아우성

남몰래
흘리며
가고 또 오는

남몰래 흘리는 눈물·LXIII

빌고 또 비옵니다
하늘과 땅에 가득 찬
그 영광의
동, 서반구 오대양 육대주의
오천 년 역사 지구촌 한 나라
더 리퍼블릭 오브 코리아여!
The Republic of Korea
하느님 찬송의
하늘과 땅 천국과 지옥
봄 여름 가을 겨울 사계四季 아닌
제5 계절 '그리고'의
아 뷰티풀, 오 원더풀! 천국행
저 햇빛 달빛 별빛들의
남몰래 흘리는 눈물로…

남몰래 흘리는 눈물·LXIV
　－가고파라 가고파

가고파라 가고파
하늘 높이 높이이듯
땅속 깊이깊이

두 눈 깜짝할 순간,

그 사랑
그 눈물
소리 없는 아우성의

남몰래 흘리는 눈물,

지상 최대 태평양의
가장 깊숙한 바다 밑바닥
수심水深 1만 540m 해저

가고파라 가고파, 엠덴 해구海溝로

남몰래 흘리는 눈물·LXV

한밤중 현악사중주 String Quarte

햇빛
달빛
별빛들로

가장 으뜸의 화성和聲 음색音色

쌍둥이 바이올린에
비올라
첼로

그 선율 꿈엔들 잊힐리야!

가고 있네 한밤중
가고 또 가면서
"죽는 날까지 하늘 우러러
한 점 부끄럼 없기를…"

*윤동주尹東柱 : 시인의 '서시序詩' 읊조리며…

| 작품해설 |

말 줄기 위에서 사랑을 외치며 놀다
−최건 시집 『햇빛 달빛 별빛들이
　　　　때론 내게
　　　　남몰래 흘리는 눈물을』 읽기

한린
(시인)

　시인 윌리엄 스탠리 머윈은 현대 시인을 "허공에 극복할 수 있는 사다리를 매고 다니는 인간"이라고 하였다. '시'를 하늘과 땅 사이, 비어 있는 공간을 극복할 수 있도록 고안된 언어의 사다리로 바라보는 철학적 안목에 감탄하지 않을 수 없다. 그의 사고를 빌리자면, 독자는 시인이 만들어 낸 언어의 사다리를 스스로 용기 내어 올라가야만 새로운 세계를 만날 수 있다. 시인의 사다리를 올라가 마침내 만나게 되는 문, 그 문을 열고 만나는 황홀한 경험을 독자는 잊지 못하고 또 사다리를 찾아 오르는 것이리라.

　머윈에게 '사다리'가 있었다면 최건 시인에게는 이상과 현실, 동양과 서양, 과거와 현재의 경계에 놓여있는

'한국의 줄타기'가 있는 것으로 보인다. 2011년 유네스코 인류무형문화유산에 등재된 '줄타기'는 높이 3m, 길이 12m 간격으로 세운 작수목에 지름 3㎝짜리 줄을 설치하고, 줄 위를 걸으며 노래, 춤, 기예를 선보이는 우리나라 전통 공연예술이다. 곡예에 중점을 두는 세계 다른 나라의 줄타기와 다르게 우리나라 줄타기는 음악 연주를 배경으로 줄 위에서 줄을 타는 연희자와 땅에서 줄 위의 연희자와 대화를 주고받는 재담가로 이루어진다. 시인의 줄타기 기술이 엿보이는 시를 살펴보자.

> 그레그래그렇구나그렇고그렇구나,나는너너는나,두둥실두리둥실떠나간다달마중,라일락로렐라이로맨스로키산맥,마을마을들멋있고멋있구나멋대로제멋대로,뷰티풀뷰티풀반짝반짝별똥별별나라,사랑사랑새사랑세상사쓸곳없는,원더풀원더풀우리사랑원더풀오!원더풀원코원컨대,자유정의진리정정당당,천번만번천만번천추의천국행,크낙새카나리아코큰카우보이케불타,퉁클쿵클리틀스타트럼팻탱고,푸르고푸른파란파라이스하늘하느님하느님오!하느님하늘나라하느님이시여!
> ―「꿈결에 느닷없이 이 어인 말 줄기인고?」 전문

「꿈결에 느닷없이 이 어인 말 줄기인고?」라는 시는 다소 생소하고 특별한 느낌을 주는 시다. 의식의 흐름을 따라가며 툭툭 던져 놓은 시어들이 스스로 결합하여 단단한 외줄 끈을 만든다. 넓은 광장 한가운데 높이 늘어선 판 끈을 본적이 있는가. 자칫 한 발이라도 잘못 디

디면 떨어져 다칠 것 같은 아찔함 속에서 줄타기는 시작된다. 다소 낯선 양식의 시에 아슬아슬 아찔한 마음으로 바닥에 앉아 줄 위를 바라보는 관객(독자)의 마음이라면 걱정하지 않아도 좋다. 줄 위를 걷기 시작하는 줄광대(시인)는 여유롭다. 그 여유로움은 밤낮을 가리지 않고 수없이 줄 위에서 자신과 싸우며 수련한 인고가 있었기 때문이다. 최건 시인의 이번 시집이 열한 번째 시집이라는 것을 참작하면 그는 이미 신명 난 줄타기를 즐길 준비를 끝내고 독자들의 두근거리는 마음을 즐기며 줄에 오르고 있음을 상상할 수 있다.

'한글 ㄱ에서 ㅎ까지'의 '말'로 이루어진 줄기(판 줄)가 '꿈결에 느닷없이' 시인의 앞에 놓인다. 그것은 마치 신성한 계시와도 같이 장엄하고 웅대하게 세워진 작수목 위의 줄이다. 시인은 언어의 줄기 위(하늘, 허공)에 서서 줄기 아래(땅)에 있는 독자에게 대화(재담)를 시도한다.

첫 단어는 '그레'이다. '그레'는 금을 긋는 데 사용하는 도구이다. 시인은 현대사회에서 하늘과 땅, 위와 아래, 너와 나 사이에 존재하는 보이지 않는 갈등의 선을 '그레'라는 단어를 통해 제시한다. 하지만 언어유희를 통해 시인은 마술처럼 그 의미를 곧 '그래'라는 말로 바꾼다. 긍정과 감탄을 나타내는 '그래'라는 말은 '선'을 긋는 '그레'와 같은 소리로 들리지만, 공감이라는 전혀 다른 뜻을 갖는다. '그래'는 '그렇구나'라고 이어지며 상대

방을 인정하고 공감하는 마음으로 확대된다. 이러한 공감은 '나'는 '나', '너'는 '너'라는 경계를 허물고 '나는너너는나'라는 물아일체(物我一體)의 합일을 이끌어낸다. 이러한 합일은 화자와 독자의 경계를 허물고 하나로 몸이 가벼워져 '두둥실두리둥실' '떠'오르는 신비한 체험을 만들어 낸다. 위, 아래의 경계, 너와 나의 경계가 허물어지니 하늘로 함께 떠오르는 기적이 일어나는 것이다. 최건 시인은 언어의 곡예를 통해 이러한 기적을 만드는 힘이 '시'라고 표현하고 있는 듯 하다.

하늘로 떠올라 함께 맞이하는 것은 '달'이다. 달은 높은 곳에서 어둠과 싸우며 땅을 환하게 비추는 존재이다. 시인은 어둠을 물리치는 존재의 마중을 통해 하나가 되는 일은 결코 쉬운 것이 아니라는 현실 인식과 함께, 서로 이해하고 공감하는 마음이 있다면 결코 불가능한 것만은 아니라는 희망의 목소리도 함께 전하고 있다. '달마중'의 재미는 동양과 서양, 현실과 이상을 모두 초월하여 줄 위에서 뛰어올라 내려다보는 재미이다. 하여 '라일락' 꽃향기처럼 달콤하고 '로렐라이'처럼 황홀하며 '로키산맥'처럼 신비롭다.

하늘에서 내려다본 '마을마을들'은 '멋대로제멋대로'여도 '멋있고멋있'다. 땅에서 바라보면 '뷰티풀뷰티풀반짝반짝별똥별별나라'처럼 아름답다. 그 황홀경에 빠진 화자가 '세상사쓸곳없는' 감정으로 특별한 '사랑'이 이루어져 다소 지나친 '원더풀원더풀우리사랑원더풀'

을 외치게 되는 것은 자연스러운 것이다. 사랑이 가득한 마음을 유지하기 위한 기본이 '자유정의진리정정당당'이다. 이 기본이 '천번만번천만번' 거듭되어 '천추'가 되는 것이고 '천추'는 곧 '천국행'을 이끄는 것이다.

줄타기에서 빠지지 않는 것은 음악이다. 전통 줄타기에는 보통 삼현육각(三絃六角)으로 어우러진 반주곡이 연주된다. 하지만 화자는 '크낙새' '카나리아'의 소리와 '트럼펫'이 어우러진 '탱고'를 반주 음악으로 선택한다. 동·서양, 종과 종의 결합을 과감하게 시도하여 반주 음악으로 사용하는 것이다.

'크낙새'는 우리나라 천연기념물 197호로 지정되어 보호를 받는 텃새이다. 멸종 위기로 지구상에서 오직 한국에서만 볼 수 있던 종으로도 유명한 대형 딱따구리로 울창한 숲속에서 서식하며, 큰 소리로 우는 '크낙새'는 다양한 음역대 아름다운 소리로 400년간 사육조의 대명사로 알려진 '카나리아'와 화음을 맞춘다. '카나리아'는 어린 새들에게 울음소리를 전수하기로 유명한데, 어린 새들은 어른 새들의 울음소리를 듣고 따라 연습하며 음역대를 넓혀간다고 한다. 특이한 것은 울음소리를 그대로 흉내 내는 것이 아니라, 성장하면서 새롭게 편곡하는 능력이 생겨 새마다 조금 다른 특별한 소리를 내게 된다고 한다. 시인은 울창한 숲에서 사는 '크낙새'와 집에서 사육되는 '카나리아'의 울음소리를 결합하여 화음을 만든다. 그것은 동양과 서양, 너와 나의 틀

림이 아닌 다름을 인정하고 화합하는 동시에 또 다른 변주를 시도하고 있는 것으로 느껴진다.

그 완성은 가슴과 가슴을 맞대고 서로를 안고 추는 '탱고'의 춤사위로 드러난다. '탱고'는 대표적인 파트너 댄스이다. 혼자서는 완성할 수 없는 탱고는 1980년 아르헨티나와 우루과이 사이의 경계지역인 라플라타 강을 따라 기원 되어 유네스코 무형문화유산 목록에 포함된 춤이다. 특이한 점은 일반적인 고정 파트너가 있는 것이 아니라, 서로 모르더라도 눈빛을 주고받으면 까베세오라는 인사로 고개를 까딱인 후 즉석에서 커플이 되어 춤을 춘다는 것이다.

최건 시인은 서로 다른 이념과 갈등, 경쟁 등의 보이지 않는 마음의 선을 뛰어넘어 '틀린 것'이 아닌 서로 다르다는 것을 인정하고, 상대방에게 가슴을 대고 시선을 맞추고 소통하는 것이 중요하다는 것을 온몸으로 말하고 있는 것이다. 합일의 최고조에서 만나게 되는 것은 모든 것의 경계를 뛰어넘는 신과의 조우이다. 신과의 조우 역시 시인은 나만이 아닌 너와 내가 함께여야 가능하기에 언제나 줄 아래에 시선을 두고 있다.

최건 시인은 줄 아래에 서 있는 안젤리나 졸리, 최낙경, 글라라, 아웅산 수치, 황진이, 아프로디테 등과 같은 재담자에게 다정히 말을 건넨다.

안녕 안녕, 60년도 더 전 스크린 속의

젤소미나*에 진배없는
리드lead**의 당신께서 서울 한복판 종로 거리에
나 여기 와 있어요. 지금-불쑥 나타난 뭇 사람들
졸시간*** 깜짝깜짝 놀라게 하는
리더 중 리더 되어 기쁘고 즐겁겠네요!
　　　　　　 -「아, 안젤리나 졸리님이시죠?」 일부

그래요, 2017년 6월 15일 우리 부부 금혼의 날
「5·18민주화운동」 유네스코 세계기록유산 등재
기념비제막식 행사에 부부 함께 달려오신 것
잊지 못하지요, 결코 잊지 않아요
전라북도 장수군 우리 집 벽에 걸린
유화작품 <우포늪> 등 4편과 함께
　　　 -「환쟁이, 아니 화백 최낙경님 아니신가?」 일부

그래그래, 이 외할아버지한테는
너의 이름 '클레어'보다는 천주교의
세례명 '글라라'가 더욱 더
사랑스럽고 좋은 걸, 가시밭길
한두 송이 흰 백합화로 풋풋하고
풋풋한 지금 나이 16세 외손녀 너의
　　　　　　　 -「클레어보다는 글라라가」 일부

　가장 먼저 주목하고 있는 대담자는 유명한 영화배우 '안젤리나 졸리'이다. 그녀는 '서울 한복판 종로 거리에'서 사람들과 만난다. 시인은 그녀에게 '안녕 안녕' 하고 먼저 인사를 건넨다. 여러 인터뷰 기사를 통해 알려졌듯이 그녀가 한국에 온 이유는 영화 홍보 등과 같이 자신을 앞세우기 위해서가 아니라, 입양한 아들과의 여행 및 대학입학과 같은 주변을 보살피기 위함 때문이다. 자신이 낳은 아이들 외에 3명의 아이를 입양하여 키우고 있는 그녀는 시인에게 '사랑'의 '리드'로서 페데리코 펠리니 감독의 영화 「길」의 여주인공 '젤소미나'의 모습으로 다가온다.

영화 「길」의 '젤소미나'는 떠돌이 차력사 잠바노에게 팔려 가 온갖 학대를 당하다가 병에 걸려 죽는 여인이다. 지금 이 시대의 눈으로 바라보면 시대적 상황에 희생된 여성의 애잔한 삶을 보여주는 여주인공이라고 할 수 있다. 하지만 잠시 떨어져 그녀를 보면 그녀는 사랑에 대한 진정한 '리드'의 화신으로 볼 수 있다. 주인공들은 유랑극단으로 '길'을 떠도는 인물이다. 그중 인간성을 잃어버린 '잠바노'는 생존본능으로 길든 야수성이 강한 인물로 공연을 통해 생을 연명해 가는 인물이다. 그에게 팔려 온 '젤소미나'는 인간성 넘치는 순수한 소녀로 사랑을 믿기에 떠도는 공연은 여행이며 현실에서 일어나지 않는 마술 같은 환상의 체험이다. 이 영화는 인간성을 상실해 사랑조차 모르는 남자와 사랑을 통해 인간성을 회복시키는 여자의 동행을 그리고 있다. 그 과정에서 '젤소미나'는 다양한 고통의 시간 속에서도 결코 '사랑'을 버리지 않는다. '젤소미나'의 죽음으로 사랑을 깨닫게 되는 '잠바노'. 시인은 안젤리나 졸리에게서 '젤소미나'의 초월적 '사랑'과 그 의미를 보았다.

　최낙경 화백과의 인연은 가까운 거리감으로 다가온다. 편지 형식으로 쓰인 「환쟁이, 아니 화백 최낙경님 아니신가?」는 언 듯 읽으면 다소 친분이 강한 벗에게 쓰는 헌정시로 보이기도 한다. 하지만 "「5·18민주화운동」 유네스코 세계기록유산 등재/기념비제막식 행사에 부부 함께 달려오신 것/잊지 못하지요, 결코 잊지 않아요"라는 구절을 통해 특별한 역사성을 대변하는 상징으로 읽힌다.

　최건시인은 잘 알려진 대로 1964년 <목포일보>사에 입사해 얼마 후 <동아일보>로 자리를 옮겨 목포 주재 기자로 활동하였다. 기자 생활을 하던 중 5·18 광주민주화운동이 일어났다. 시인의 기자 수첩에는 5월 12일부터 25일까지 목포 일원에서 벌어졌던 민주화 시위와 투쟁상황이 그대로 기록되었다. 그 수첩은 역사적 의미를 인정받아 유네스코 세계기록유산에 등재되었다. 당시 시인의 취재 과정을 지켜보던 시인의 아내 조한금 수필가가 쓴 일기 역시 유네스코 세계기록유산에 동시 등재되었다. 부부의 등재를 기념하기 위해 세워진 '기념비 제막식 행사'에 자연을 사랑하는 화백 최낙경이 방문한 것이다.

　시인의 집에는 최낙경 화백의 <우포늪>이라는 작품이 걸려있다. 우포늪은 국제 람사르 습지에 등록된 한국 최대의 자연 내륙습지이다. 개발과 환경이라는 갈등과 대립 속에서 그 의미를 인정받아 천연기념물로 지정되었으며 시간이 지날수록 그 존재 의미가 높아져 가는 자연환경이다. 그 풍경을 담은 그림은 '5·18 민주화운동'이라는 역사적 아픔과 결합하여 인간성 회복의 상징으로 다시 살아나고 있다.

시인은 사랑스러운 가족에게도 따뜻한 말을 건넨다. 「클레어보다는 글라라가」에서 시인은 자신의 외손녀를 '가시밭길/한두 송이 흰 백합화'로 상징하고 있다. '백합'의 꽃말은 '당신과 함께 있으니 꿈만 같아요' '평화' '순결'이다. 현대사회는 욕심으로 인한 무분별한 경쟁으로 또 다른 인간성 상실의 '가시밭'길 이다. 시인은 그 가시밭길을 가는 외손녀에게 '백합'이라는 꽃을 통해 사랑의 의미를 전하고 있다.

시인은 백합의 꽃말과 더불어 종교적 의미를 함께 이야기하고 있는 듯하다. 성경에서 예수님이 제자들과 길을 걷다가 "들판에 핀 백합을 보아라. 들풀도 하나님이 이렇게 입히시는데 하물며 너희를 돌보지 않겠느냐"는 비유가 나온다. 이 비유를 통해 우리는 평범함이 곧 특별한 것이라는 사실을 알게 된다. 이 땅에 존재하는 그 순간 어디에 있든 하나님의 보살피심을 받는 특별한 존재가 되는 것이다. 따라서 존재하는 모든 것은 특별하다. 특별함의 일반화 그것이 곧 평범한 것이 되는 것이다. 시인은 외손녀와의 일상적 상황을 통해 평범함이 갖는 특별함을 역설적으로 노래하면서 후손들에 대한 애틋한 마음을 표현하고 있다.

그의 재담은 현재에 머무르지 않고 '아웅산 수치' 국가 고문에게는 "쿠데타의 나날이 아닌,/ 코리아의 1960년 4.19학생혁명 기념일이듯/ 혁명의 날 맞이하소서. 환호하소서!/무장군인들 총칼에 피로 물들고 있는/결코 킬링 필드killing field가 아닌 환호성의// 오, 글로리 글로리 알렐루야!"라는 희망을, '황진이'에겐 서기 2021년 오늘 지금도 "치맛바람 춤사위 찰나 그대로의/오늘이소서, 어제도 내일도 또한/지금 이 찰나의 그대 나와 함께이게!/끝내 뒤돌아서 가게 하고서도 끝내/그때 그대 그리워하는 그 순간/그 찰나의 아! 2021년 지금도/텐더tender 러브 유, 러브 유 트루true의"라는 위로를, 아프로디테와 비너스에게는 "태어나 처음 만났었던 열여섯 살/상면의 그날 그때, 서기 1956년/찬란한 햇살의 늦은 봄/윈도우 그라스window glass 안에서 흡사/백설의 흰눈 빛 온 얼굴 곱슬머리/파도물결 그대로 서기 2021년 봄·여름 한낮/느닷없이 늘그막의 내게 밀려들며/흥얼대며 밀려 파고드네, 품속 안으로"와 같이 시간과 공간의 경계를 뛰어넘는 대화를 시도한다.

줄 위에서 재담을 나누는 시인의 진솔한 목소리가 큰 울림으로 다가오는 이유는 오늘날 우리 사회가 개인화되어가면서 현대 시가 이론적 지성 탐구, 파격적 어휘 선택 등으로 복잡성을 추구하며 변해가는 것과 다르게,

최건 시인의 시들은 시의 본질인 서정성을 바탕으로 사회적, 정신적 문제를 해결하기 위한 시인의 책임감 있는 노력이 엿보이기 때문이다.

시인의 줄타기는 이제 살판을 향해 간다. 살판은 재담이 끝나고 마무리되는 단계에서 허공에서 몸을 날려 재주를 넘은 다음 다시 줄에 앉는 동작이다. 살판은 줄타기 기술 중에서 가장 높은 수준의 기술로 실수하면 연희자가 위험할 수도 있어 "잘하면 살판이요, 잘못하면 죽을 판"이라는 말이 유래된 기술이다. 그만큼 숙련된 연희자만이 시도할 수 있는 기술인 것이다.

최건 시인의 살판은 말 그대로 모두가 살맛 나는 세상을 만들기 위한 사랑 의식이 담겨 있다. 사랑이 바탕이 되어야만 상실된 인간성이 회복된다는 믿음이 「남몰래 흘리는 눈물」 연작을 통해 체계화된다.

살판에 배경음악으로 사용되는 것은 가에타노 도니제티(Gaetano Donizetti)의 오페라 「사랑의 묘약」에 나오는 '남몰래 흐르는 눈물'이다. 자신을 매몰차게 대하는 사랑하는 '아디나'의 마음을 얻기 위해 떠돌이 약장수한테 포도주를 '사랑의 묘약'으로 알고 사는 '네모리노'. 입대까지 마다하지 않는 그의 한결같은 진심과 열정에 감동한 '아디나'가 흘리는 눈물을 보고 그녀의 마음을 느끼는 '네모리노'가 부르는 노래가 바로 '남몰래 흐르는 눈물'이다. 그녀의 '눈물'은 사랑한다는 한마디 말보다 더 큰 사랑의 마음을 표현하고 있다.

있어요, 소리없는 아우성의
그 아우성
천지간 만물 중에 최귀한
유인幽人의
들리는 소리 없는
이 아우성, 또한
눈물 중의 눈물,
     -「남몰래 흘리는 눈물·XXIV」일부

사시사철 어느 날 하루
누구이든 한 순간의
눈물이었어요 눈물이 그런

흔하고 흔한 그 눈물
하지만 소리 없는 아우성의
어느 날 깊은 하룻밤

· · · · · · ·
남몰래 흘리는
     -「남몰래 흘리는 눈물·XXXVI」일부

청천 하늘에 잔별들
느닷없이 급전직하
하늘과 땅 사이 사이
무한 공간 없애고 또 없애면서
흡사 가루 가루로 바숴가며
흐르는 강물 줄기의
소리 없는 아우성

밝은 달만 쳐다보는
　　　－「남몰래 흘리는 눈물·LⅢ」 일부

　시인에게 눈물은 '소리없는 아우성'이다. 누구나 잘 알고 있는 유치환의 시 「깃발」에 나오는 이 구절을 여러 시에서 반복적으로 오마주하는 것은 시인의 마음이 유치환의 허무와 생명 의식에 가까이 다가가 있음을 짐작하게 한다. 자아와 세계, 이상과 현실 사이에서 인간적 한계를 느끼는 상황을 침묵하는 가운데서도 내적으로 강렬하게 몸부림치는 '깃발'에 비유한 유치환처럼, 최건 시인에게 '눈물'은 어지러운 세상에 숨어 사는 '유인(幽人)의 들리는 소리 없는 아우성'인 '눈물 중의 눈물'이며 '사시사철 어느 날 하루/ 누구이든 한 순간'의 '소리 없는 아우성'인 것이다. 시인은 '흐르는 눈물'을 변주해 '흘리는 눈물'로 표현하고 있다. 타동사의 사용은 목적의 의도를 가지고 있다는 뜻일 것이다. 그 목적은 대상을 바라보며 애절하게 부르는 시인의 노래이기에 「남몰래 흘리는 눈물」이 되는 것이다.

　사랑으로 흐르는 눈물을 볼 수 있는 '네모리노'의 마음을 갖고 살아가는 최건 시인은 조병화 시인, 아기, 남남북녀, 알퐁스 도데, 원앙새, 방울새, 잇다른 시신들, 탈북 모녀 등 그 대상을 가리지 않는 인류애로 전개된다. 인간성이 상실되어 가는 세상에서 인류애를 찾기 위하여 시인은 온몸으로 자신이 느끼는 사랑의 노래를

쉬지 않고 부를 수밖에 없는 운명의 서사를 보여준다.

    그럴거예요 누구이든
    어쩌다 텅 빈 공간 가슴 속
    한가운데 불현듯 따스하게
    적시면서 흘리고 있는
    눈물, 남몰래 흘리는
                   -「남몰래 흘리는 눈물·XLVII」일부

    흘러 흘러 흘러 내리며 돌고
    있네 돌고 돌며 머리 어깨
    가슴 허리 무릎 발 육신의
    온몸 한 바퀴, 아니 아니
    두 바퀴 세 바퀴 돌고 도네
    그러면서, 구만리장천 푸르고
    푸른 하늘 은하수행의
    몸뚱이 순간순간 솟구쳐 오르면서
    은빛 금빛물 흠뻑 적시며
    내달리고 있네, 따스히
    결코 뜨겁지도 차갑지도 않는,
    그러면서 무성 무색의 방울
    방울 눈물 방울 손등으로 결코
    비비대지 않으면서 허공으로
    허공으로만 가루가루 눈물 가루로
    휘날려 버리는,
    삼백예순다섯 날의 한두 번쯤
    소리 없는 아우성의 눈물

남몰래 흘리는…
　　　　　　　－「남몰래 흘리는 눈물·LX」 일부

　개인주의를 넘어 이기주의가 되어가는 현대를 살아가는 사람들에게 인류애는 마법이 통하지 않는 시대에 묘약처럼 다소 비현실적일 수 있다. 하지만 순수한 청년의 진실한 믿음이 사랑을 이루는 묘약으로 그 본질을 바꾸었듯이 시인은 줄 위에 서서 끊임없는 연속 돌기로 독자의 시선을 끌어당긴다. '누구이든/어쩌다 텅 빈 공간 가슴 속/한가운데 불현듯 따스하게/적시면서' 흐르는, 자신만이 부를 수 있는「남몰래 흘리는 눈물」을 연작으로 부르며 줄 위에서 걷고, 뛰며 노는 것이다. "몸뚱이 순간순간 솟구쳐 오르면서/은빛 금빛물 흠뻑 적시며/내달리고 있네, 따스히/결코 뜨겁지도 차갑지도 않는,/그러면서 무성 무색의 방울 /방울 눈물 방울 손등으로 결코/비비대지 않으면서 허공으로/허공으로만 가루가루 눈물 가루로/휘날려 버리는,/삼백예순다섯 날의 한두 번쯤/소리 없는 아우성의 눈물"이라는 구절을 통해 아찔한 위험을 무릅쓰고 줄 위에서 연속 돌기를 해 보이는 이유가 한순간도 눈을 떼지 말고 주목하라는 것에 있음을 암시적으로 드러낸다. 그런 의미에서 최건 시인의 시들은 과거 인간성 상실의 역사적 기록이며 동시에 사랑을 통해 인류애를 회복할 미래에 대한 구호인 것이다.

시인의 줄타기를 보며 자신이 만든 경계를 지우고 어느새 자연스러운 감정의 자신을 발견하게 된다면, 더 나아가 눈물을 흘리고 있는 타인을 따뜻하게 바라보게 된다면, '햇빛', '달빛', '별빛'의 힘에 '눈물'을 넣어 최건 시인이 만든 '사랑의 묘약'은 영원할 것이라고 나는 믿는다.(*)

햇빛 달빛 별빛들이
때론 내게
남몰래 흘리는 눈물을

초판 인쇄 2022년 9월 11일
초판 발행 2022년 9월 16일

지은이 최건
펴낸이 강신용
펴낸곳 문경출판사
주 소 34623 대전광역시 동구 태전로 70-9 (삼성동)
전 화 (042) 221-9668~9, 254-9668
팩 스 (042) 256-6096
E-mail mun9668@hanmail.net
등록번호 제 사 113

ⓒ 최건, 2022

ISBN 978-89-7846-793-3 03810

값 12,000원

* 무단 복제 복사를 금함
* 잘못된 책은 교환해드립니다.